JN440176

또 하나의 입술

정훈교 시집

시인동네 시인선 017

정훈교 시집

또 하나의 입술

시인동네

시인의 말

빨간 샛별 위에서
우리 마을을
바라보면

마치 눈으로 만든
장난감 모습
같아요

빨간 샛별 위에서
우리 마을을
바라보면

빤짝빤짝 빛나는
등불 아래에
종이 한 장

---

* 1988년 초등학교 5학년 때 쓴 시다. 눈사람이 되고 싶었다.

또 하나의 입술

시인의 말

차례

제1부

목련 · 13
깃 · 14
아라한 연못 · 16
적(赤, 迹, 敵, 吊) · 17
붉은 나무 · 18
너, 장마 후 · 20
연서(鳶書) · 22
갈 수는 있어도 올 수는 없는 당신 · 23
오래 머물러본 당신 · 24
바람을 읽는 여인숙 1 · 26
바람을 읽는 여인숙 2 · 27
궤적 · 28
늘, 애인이었던 것처럼 · 30

제2부

대설주의보 • 33
축산항, 그해 여름 • 34
붉은 무덤들 스스로 무너지는, • 36
그만 와라, 폭설 • 37
감잎에게 부치는 편지 • 38
당신은 수몰지구 • 40
기울기와 절댓값 • 42
관문시장에서 • 44
발 없는 게 • 45
대본리에서 • 46
천장지구 • 48
저문 강가에서 물수제비를 읽다, • 49
내가 좋아하는 • 50

제3부

만년설 • 53
벽화에 세 들어 사는 남자 • 54
바람벽에 바람이 머무는 밤 • 56
손금을 읽다 • 58
이카로스 302호 • 60
당신이 웃는 날; 雨期 • 61
꽃비 날리는 봄밤 • 62
몬드리안의 서(書) • 64
풍년정미소 • 66
구석기시대 • 67
오래된 수면 • 68
구럼비, 당신! • 70
로드와 킬 • 72

제4부

겨울 장례식 • 75

일곱 고양이의 밤 • 76

망부석 • 78

바람벽에 바람이 머무는 밤 2 • 82

피에타, 산부인과에서 태어나다 • 84

새와 새 • 86

4번 염색체에 대한 연구 • 88

4번 염색체에 대한 연구 2 • 91

4번 염색체에 대한 연구 3 • 92

허밍 • 94

그믐 • 96

삼경에 나린 달빛 • 97

봄꽃이 피면 나는 망월로 간다 • 98

해설 붉은, 당신,
김춘식(문학평론가) • 99

제1부

목련

허공에 처연히 목을 내놓은 당신이 있어, 골목마다 온통 희디 흰 슬픔입니다

깃
—우도

나는 나무였을까 바람이었을까

구름과 함께 파도가 동네 어귀를 덮고야 말았다 길 저 안쪽엔 미처 떠나지 못한 당신이 있었고 길 이쪽엔 당신의 몸짓을 춤으로 착각한 사내가 있었다

파란 하늘이 옥상까지 내려와 이불을 덮어주는 모텔이었다

나무와 바람이
나와 당신이

새벽녘까지 춤을 추는 동안,

수평선에 뜬 별은
모닥불과 함께 사위어갔고

등대는 고스란히
어둠을 받아 적었다

>

섬은

밤새 신열을 앓았던 것이다

아라한 연못

1.

느티나무 아래 밤꽃이 흐드러지게 피었지 평상에 핀 노란 할미꽃은 밀려오는 꿈을 쫓고 있지 혜성의 꼬리엔 별이 주렁주렁 열려 있고, 눈꺼풀이 무거운 할미꽃은 어느새 하얀 무지개다리를 건너고 있지 그 아래가 모두 아라한(阿羅漢) 연못이지 곧 붕어(崩御)가 선명하게 보이면 2g 영혼이 빠져나간 거래 모든 것을 불살라 초연히 향이 되는,

2.

내가 알던 그도 모든 걸 불살랐지 팔 년을 병실에서 살다 마지막 섬광을 섬뜩 보았지 영혼은 깃털처럼 가벼워, 남겨진 설움도 없이 깔끔하게 가버렸지, 때가 되면 한 줌 재도 아닌 것이 한 접시 꽉 채운, 적멸,

눈빛이 일제히 와그르르 쏟아졌지, 아니 물빛이

적(赤, 迹, 敵, 吊)
—작약

오래 바람에 머물러본 당신, 붉은 꽃잎마다 떨어지지 않는 기록들이군요 5월 흘림체로 바람을 앓는 중이군요 물결에 닿은 당신 이야기가 사방으로 번지는군요 옛 읍성에서 누군가를 품은 뿌리였다가 옛 신화에서 파에온(Paeon)* 당신이었다가 플라스딕 화분 속 짝사랑이있다가 오늘 깨뜨리지 못한 속내이기도 한 당신, 봉분 아래 꽃그늘이 더욱 환하군요

투덜투덜 여인숙을 전전하는 빗소리에 우두둑 당신이 떨어집니다 작약의 발목이 하얗게 봉분을 넘고 있군요 뿌리내린 또 한 계절을 유물론으로 채우는 당신, 울음으로 피었다가 망국으로 지는 꽃들의 전설을 지금 기록 중이군요 5월 신부의 부케였다가 생리통의 뿌리였다가 혼돈의 난장이었다가 지는 붉은 꽃들의 저 무수한 잔치 정작 쓰지 못한 문장들이 주저앉는 중이군요 낭신이기 전에 낭신,이 버린 최후의 불립문자

---

* 작약의 속명 'paeony'는 그리스신화에 등장하는 의사 파에온이 신들을 치료하기 위해 작약 뿌리를 사용한 데에서 유래되었다.

붉은 나무

당신은
어느 종족에도 속하지 못한 붉은 나무입니다
바람 불면
몇 잎의 꽃들 아우성입니다

당신은
쓸쓸하기도 하거니와
허공을 지우며
발아래 물 아래 다녀가는 종족이기도 합니다

붉은 음색을
사위에 깔며 더디 가는 당신

우우우
곧잘 바람이 되곤 합니다

무너지는 침묵을
길 위에 펼치는 당신은

봄밤
오래된 나무

당신은
개화에도 자유롭고
낙화에도 자유로운

붉은 나무

너, 장마 후

며칠째 아우성이다

때론, 불편해도 사랑은 사랑이다

파문을 그리며 수면에 지나온 날을 기록하는 것도
늙은 사랑이다

창문에 달라붙은 고요를 한참이나 털어내는 일도
늙은 사랑이다

만질 수 없어도 천둥과 번개가
비의 연적(戀敵)이듯

어쩌면 폭우를 받아내는 강보다
비를 받아내는 당신이

더 빨리 흩어질지도 모를 일

바람의 등을 타고
처마 끝. 수많은 사랑이 떨어진다

골목 언저리마다 아우성인,
꽃잎들

한바탕 앓고 나면
사랑도 꽤 눅눅해지겠다

연서(鳶書)

당신은,

길에서 태어나 길에서 마지막을 장식하는 유령이다

바람과 함께 유랑하는 유령이다

바람을 일찍 배운 치들은 하늘보다 높고

대나무의 마른 몸을 빌려 쓴 허공이 여럿이고

날지 못한 이력 또한 여럿이다

무덤가에서 자란 유령은 그래서 가볍다

오늘도 속내를 다 비운 마른 몸의 아버지가

허공을 유랑 중이시다

갈 수는 있어도 올 수는 없는 당신

푹푹 나린다
구름에 찍힌 새의 발자국이 허공을 간다 하늘이 저녁 내내 속앓이 중이다

펄펄 끓는다
가슴에 찍혔던 말이 내려앉지 못하고 허공을 간다 둥근 혀가 내내 속앓이 중이다

펑펑 쏟는다
갈 수는 있어도 올 수는 없는 당신이 있어, 하염없이

모든 것을 비워주고, 오롯이 혼자가 된
오늘, 정동진행 막차를 기다리며

역전 식당에 앉아
내장탕 한 그릇 비운다

오래 머물러본 당신

당신
떠났습니다
낮달 보며 호호거리다
봄밤 후드득 떠났습니다

떠난다는 말이 이렇게 붉을 줄
몰랐습니다

오월을 넘어서자
마당께 쌓인 꽃들의 무덤마저
바람에 온전히 무너져내립니다

길마다 붉디붉은
묵언입니다

경칩에 태어나
한 갑자 돌아나간
당신

>

곧,

온통 그믐이겠군요

바람을 읽는 여인숙 1

어둠을 떠메고 바람을 떠메고 당신 꽃잎 속으로 들어갑니다 사립문까지 밀려와 한바탕 피를 토하곤 일몰과 함께 현무암에 남은 당신 온기가 쓸려갑니다

오늘 하루 누군가를 떠나보내고 뜨겁지도 차갑지도 않은 돌담길을 돌아나오며 한 번쯤 바람이 되거나 구름이 되거나 선인장이 되어도 좋겠다, 생각합니다

빈방에서 별밤을 그리워하거나 폐허처럼 낡아가는 달을 보며 당신을 손꼽아 기다려도 좋겠다, 생각합니다 묵혀둔 한 계절이 밤새 우러나와도, 당신의 어린 날은 수평선으로 저물기만 합니다 향도 꽃도 되지 못한 밤입니다

오늘따라 감잎차에 바랜 무수한 잎들이 더욱더 웅성이는 밤입니다

바람을 읽는 여인숙 2

당신 품이 차암 따뜻했어요 살아 있는 바다를 본 적 있나요 밤새 잔잔한 파문이다가 손수건을 가지런히 두고 떠난 새벽 사내처럼 한참이나 먹먹한 아침을, 십자가와 엄마가 한몸이 되고 당신과 별이 한몸이 되고 수평선에 지워지지 않을 별들이 태어날 때, 바람으로 떠난 당신.

우기에도 젖지 않을 만큼 슬픈, 흔들려도 흔들리지 말아야 할 눈빛을 등대라 생각했어요 좁다란 여인숙에서 아침을 생각했고 기도를 생각했어요 바람으로 물든 밤이 출렁거립니다 새겨 놓지도 못할 이름들이 창문에 부딪혀 내려앉는 중입니다 당신이 품었던 별이 품은 바람이 그 밤처럼 떨고 있는

궤적

느릿한 호흡이
몸을 푼다

우두커니, 섰는 당신은
길이 되고

당신이 흐른 길 위로
붉은 바다가 밀려온다

그제야 배꼽 아래 저장되었던
양수가 흘러나오고

달의 눈금을 해독할 줄 아는
당신이,
당신을 해독할 줄 아는
바람이,

몸을 푼다

>

오랫동안 어머니였던
붉은 바다가

점묘법으로 낡아가는,
무렵

저마다 꽁꽁 숨겨두었던 속내를,
흘려보내는 것이다

늘, 애인이었던 것처럼

사랑하고, 싶은 여자가 있다

그녀의 발목은 흰 매화를 닮았다

그녀의 이름은

노을이고 바다고 바람이고 강이다

그녀는

매화나무에 걸린 초승달처럼 긴 눈썹을 가지고 있다

봄밤 진동하는 매화 꽃잎 하나 툭 건들고 싶다

제2부

대설주의보

밤새 당신 곁에 눈으로 내리고 싶습니다

축산항, 그해 여름

시동을 끄는 사이
그녀는 이쪽과 저쪽을 이어주는 다리를 건넜다
바다와 강이 만나는 삼각주에 있었고
작은 어촌인데도 조명은, 유원지 모텔 불빛들이 강에 내린 것처럼
질퍽했다
교회 첨탑을 노을이 숨 가쁘게 넘고 있었고 가로등이 층층이 켜지는 중이었다
그녀가 지나간
다리는 울렁거렸다
눈이 가닿지 않은 다리 밑에는,
희멀겋게 배를 내놓은 사내,의 텐트가 적막을 걷고 있었다 썰물 때마다 파도가 출렁, 사내의 잠을 움켜쥐곤 했는데 더러
얇은 바람소리가 내면을 스치느라 정박하기도 했다
그녀가 바다로 달려들어
푸른 청춘을 한입 베어 물었다
물컹,
다리가 잘려나갔고

파도에 실려 온
치어들이 허연 배를 드러내며
모래사장으로 나자빠졌다

그녀 발사국을 지운, 파도기
다리에 닿을 때마다 길게 물그림자가 졌다

우린 밤새
다리와 다릴 건너며 물그림자를 지웠고,
오래 울렁거렸다

붉은 무덤들 스스로 무너지는,

미루지 않아도 오는 봄이다

허투루 오지 않는 걸음이다
어느 날엔 꽃으로
어느 날엔 허기로

허공에
꽃 대궁 하나 오롯이 남아
기지개를 편다, 햇빛을 추궁하는
봄이다

허투루 가지 않는 길이다
어느 날엔 꽃잎으로
어느 날엔 굶주림으로

기다리지 않아도 오는 봄이고
기다리지 않아도 가야 하는 봄이다

그만 와라, 폭설

당신은 내게 폭설이었지
푹 잠겨버린 강물은 소리 죽여 울었지
길을 다 덮고서야 당신은 울음을 그쳤지

학교 앞 은행나무가
이렇다 할 변명도 없이 불쑥 주저앉았지
당신의 무게가 한 계절 동안 가지에 묻어 있었지 눈의 사랑을 이기지 못하고 주저앉고 말았지

울음이 나뒹굴고 바람이 다시 쓸어가는 낯선 풍경이었지 지난 계절에도 당신은 폭설로 내려 하얀 무덤이었지 그 많은 세월을 덮고서야 오롯이 빈 무덤이 되었지

아직도 울음을 삼키는 은행나무가 있고 바람이 있고 강물이 있고 밤새도록 짧은 호흡으로 긴 편지를 쓰는,

이 계절에도 여전히 하얀 무덤이지

감잎에게 부치는 편지
—풍장(風葬)

평생 뿌리를 떠나본 적 없어
때론 가뭄이고 때론 홍수였지

그래도 흔들리지 않는 당신

몇 번의 태풍과
한 번의 장마는

당신의
마른 잎만 키웠지

지붕께
잔잔한 바람과
잘 말라갈 거라고 했어

떫은 당신의 기억은
곧 노랗게 말랑해질 거야

곧 하얗게 말라
눈물에 오르는 때,

그러나

감잎도
당신도

모두가 진 후

당신은 수몰지구

물 위에 뜬 연꽃 형국이라
수구리*엔 예부터 기와 돌집이 없고 초가가 많았다

어머닌 젊은 날을 휘돌아 예서 우릴 낳았고
모래강변엔 많은 것들이 생을 살아내고 있다

모래무지 버들치 물잠자리 휘파람새 검은등할미새 꼬마물떼새 멧새 발자국들이 총총
고요히 강을 만지는 내성천

개나리 수양버들이 휘적휘적 물빛을 그리곤 했고
새벽닭 홰치는 소리에 이따금 초승달이 빠지기도 했던

그러나 가뭄을 너끈히 버텨오던 둠보도 모래톱도
나도, 이젠 수몰지구

신작로에 핀 코스모스도 대신할 수 없었던 우리의 젊은 날이, 휘돌아나가는 중이다

민들레 홀씨처럼 아무 곳으로 떠나는 중이다

여기 잠기는 중이다

---

* 행정명 내림리(경상북도 영주시 이산면 소재). 영주댐 건설로 수몰된 시인의 고향.

기울기와 절댓값

점에서 태어났다
분수와 미적분 어디쯤에서 점으로 태어났다
호박과 수박에 접을 붙이면
새로운 함수가 태어나는데
어머니는 그걸 포트에 담아
비닐하우스 안으로 옮겨 심었다

막 새순이 돋아나는데
벌써부터 내다 팔 걱정이 한 짐이다
이태 전 무작정 반비례로 달리던
수박 가격이 바로 허수였다

아들에 대한 기울기가 절댓값인지
땅에 대한 기울기가 절댓값인지
알 순 없지만
아들이 기울기인 것만은 사실이다

시골 살림이 뻔한 수평인지라

수직으로 상승할 순 없지만
분명 어머니의 절댓값은
언제나 아들이었다

예순을 넘은 세월이,
비대칭적으로 빠진 이가
이미 곡선으로 휘어진 어머니를 나타낸다

점들이 희미해질수록
숫자 0에 가까운,

간극이다

관문시장*에서

사월은 눅눅했다

노파는 식용유 말통 위에 때 묻은 수건 깔고

따순 봄바람에 꾸벅꾸벅 졸음을 안는다

배고픈 비둘기 몰래 땀을 쪼아먹고는 날아가고

제각각의 타향살이 낯선 손님을 기다린다

허연 속살 드러낸 시금치 간신히 몇 알의 슬픔 걸치고 누웠다

누렇게 찢어진 파라솔 위로 지폐는 소리쳐 나가고

시장의 해는 반나절을 돌아 듬성인다

---

* 대구광역시 남구 소재 재래시장.

발 없는 게

허공을 밀고 가는 발 없는 게를 보았습니다

구름을 등에 이고 썰물 밀어내며 바투 섰는 게를 보았습니다

개필에 새겨진 물의 발자국마다 발 없는 게의 흔적입니다

소금기 빠져나간 몸을 두고 집게만 내세우는 게를 보았습니다

퇴근하는 길,

하늘을 통째로 이고 사는 오체투지 발 없는 게를 보았습니다

대본리*에서

똑딱선 기적 녹물로 사그라진
그물코 지나간 바람 허옇게 파도 깔고 있는
어촌이었는데

방파제 타고 흐르는 뺨만 보아도
바다의 깊이 알 수 있겠고
바다에 반쯤 가려진 배 이름만 봐도 누구 젊음이 푸르게 녹아내렸는지 알 수 있는
어촌이었는데

한나절 파도에 배는 너울대며 쇳소리로 칭얼대고 있다

파도가 한 번씩 거친 숨 쉴 때마다
여인의 검붉은 꼭지인 듯 테트라포드에 달라붙은 사람들
고기를 낚는 꾼들이 멈칫하는 그 아래,
파도가 도리어 꾼을 낚고 있는 것처럼 아슬아슬한
어촌이었는데

완행버스 떠나자마자
골목으로 휘어지는 몇몇의 그림자
작은 어촌의 스산한 공기는, 거대한
망루에서 쏘아붙이는 화살촉 같아서

차츰 해의 혀를 깊이 관통하는데

나는 비명으로 달아오른 가슴을 거기다 자꾸
비벼대고 있었으니, 추를 달아 더 깊은
입속으로 내려가는 미끼가 되고 있었으니

---

*경주시 감포읍의 작은 어촌.

천장지구

천장에 매달려 있던 태양의 꼭지가 떨어지면 어둠이 한꺼번에 뿜어져나온다 우물엔 태양이 넘치고 바닥엔 그녀가 품었던 달이 쌓인다

그녀가 가져간 마른 책 위로 사내들이 날아들고 햇살이 바스락거린다 페이지를 넘길 때마다 그녀의 발자국이 세련되게 지워졌다 펴진다

그녀의 실루엣이 가로등 불빛에 닿았다가 우기엔 먹구름이 된다 울음이 초원을 만들고 사막을 만들고 별을 만든다

그녀가 스며든 골목마다 십자가다 사내들이 풀어놓고 간 십자가다 질문을 던지면 벙어리가 되고 선인장이 된다

그녀가 흘린 어둠이 하수구로 떨어지면 우물에 수많은 달이 뜨기 시작하고 태양이 중저음으로 낮게 깔리는 화음이 태어난다

저문 강가에서 물수제비를 읽다,

수면을 등지고 내게로 옵니다 돌의 무게가 파문의 크기로 옮겨 붙는 순간입니다 당신의 고요가 깨어나는, 강가에 서서

아직은 수평인 파문에게 물수제비를 띄웁니다

당신을 펼치자마자 강의 배꼽이 출렁이고 노을이 자지러집니다 파문마저 이내 수평으로 재우는 당신의 수심을 헤아려봅니다 한 획으로 갈음될 수 없는 비릿한 그 무엇이 꾸역꾸역 솟구칩니다

바람이 깨지고 물의 이마가 깨지고 붉은 노을이 깨지고 어둑한 파문이 채 가시지 않는 강가에 나와 당신에게 거룩한 나를 띄웁니다 물결로 채워진 페이지가 쌓이고 나면

당신, 어느 날엔 비스듬히 빗겨간 물결들을 읽을 테지요

내가 좋아하는

어머니가 바람이라고 읽으셨다 바람은
어머니의 입술을 나오자마자 나비가 되었다

나비는,

바람도 되었다가
길도 되었다가
달도 되었다가

둘이는 봄밤 다 가도록
우화(羽化)를 이야기하고

푸른 강을 수놓았다

어머니는 두고 온 계절을
나비는 뭍에서 발아한 몸짓을

제3부

만년설

소리 내어 흐르는 별이 있다

그는 티베트 초원

얼마쯤 떨어진 곳에 산다

벽화에 세 들어 사는 남자

방천시장, 김광석 벽화거리*
사람들이 흘리고 간 지문을 지우며 비가 온다

나른한 오후에 나무가 된
사내는, 가을을 지나 나뭇잎 다 떠나보내고

어느 봄, 꽃이 되어
아파트 열기 속으로 사라질 것이다

골목은
사내가 빠져나간 것과
상관없이 낡아갈 것이고 점점
무덤의 곡선을 닮아갈 것이다

서른 즈음의 휴식도
잠깐 동안의 불륜이거나
짧은 사랑으로 끝나는 것이다

어쩌면 사내는 시(詩)를 낳기도 전에
꼬리 없는 온음표로 태어나, 어느 새벽 내리는 비처럼
모든 것을 지우며 돌아갈 것이다

많이 가벼워진 것들이
종국엔 떠나거나

무너지는 것처럼,

---

*대구광역시 중구 대봉동 소재. 가수 김광석이 태어난 곳이다. 시구 "나른한 오후", "나무", "다시 꽃이 되어", "아파트 열기 속", "서른 즈음"은 그의 노래에서 따온 것임을 밝힌다.

바람벽에 바람이 머무는 밤

1.

어제 사온 바람이 눅눅해졌어요 애초에 뿌리는 없었어요 한 드럼은 한 달 치 온기뿐 구들은 날마다 조금씩 식어가요 전기장판은 불에 덴 화상으로 더 이상 애인의 허리를 감싸지 못해요 바람이 버린 곰팡이가 몽유병을 앓으며 꽃무늬 벽지를 유유히 걸어다니고 빨간불이 켜진 누드마우스는 밤마다 잠 못 이루고요 책장에 꽂아놓은 바람은 옆으로 누워 제목만 읽고 있어요 낯익은도시의 매정한판결 구름극장에서 만나요

2.

바람 따라 나선 열 살 누나의 구두가 돌아왔다 외출할 땐 바람 조심 바람 거르지 말고 바람 필요하면 전화하고 저기 보세요 바람피우는 유전자를 물려받은 목소리엔 여전히 바람이 묻어 있어요

누나는 입을 다물었지만 그건 불륜이다 선풍기 날개가 돌기 시작하면 나의 돌기가 바람의 그것으로 쓰윽 들어가버린다 바람은 비명도 없이 동강동강 잘도 씹는다 바람 든 무와 함께 펄

펄 끓는 찌개가 되겠다고, 곧 밥상 위 봄으로 환장한 누나가 초록을 낳겠다고

3.

누나의 직업은 가수다 바람이 버리고 간 초록은 비좁은 골목에서 누나의 목소리를 먹고 자란다 매일 밤 누나와 함께 빙빙 도는 네온사인이 된다 그건 바람이다 바람을 절인 바람 바람을 볶은 바람 고봉바람을 한 그릇 비우면 만삭이 된 바람이 태어난다 (냉동된 바람은 해동이 돼도 아이가 되지 않는다) 99% 눋지 않는 코팅프라이팬 위 바람이 기름을 뒤집어쓰고 바싹 익어간다 바라아암바라아암 불경 외는 바람의 높낮이를 열심히 베끼고 있는, 누나

손금을 읽다

길이 태어난다
타고난 길이 저만치 흘러
마디마다 이야기 길이다

주름이 많으면 우여곡절 많은 고개를 넘어야 하는 것이고
귀퉁이 눈금선이 세 개도 안 되면 눈물샘이 마르지 않거나
눈물 흘릴 일이 평생 없다는 것이고

비스듬히 중앙을 지나 손목으로 돌아나오는 길은 목숨을 빚지는 길
내려오다 비탈이 있어 길이 끊기거나 협곡이면 아무래도 오래는 힘들다는 얘기다

가파른 감정은 목숨과 가깝고
갈림길 넓으면 눈치 안 보고 한세상 편히 지낼 수 있다고

손목 바로 위 둔덕의 곡창지대는 말 그대로
당신 생을 끌고 가는 힘깨나 썼던 청춘의 길이다

>

청춘엔 태양이 있고
금성이 있고 목성이 있고 수성이 있었다

지금, 당신 오른 손금을 보며
여러 갈래 나의 길을 읽는다

이카로스 302호

당신의 날갯죽지는 바람을 가르지 못한다. 단 한 번도 바람을 품어본 적 없으므로

마른 입술이 또 하나의 입술을 물고 또 하나의 입술이 당신 이마를 짚는 밤, 낡은 TV 안테나가 당신의 신호음을 감지했다면 그것은 먼 우주에서 먼지로 부유하다 어느 골방에서 침잠하는 제2의 자전(自轉)인 셈이다 당신은 이제,

바람의 방향대로 깃을 세우고 부러 낙법을 익혀야 한다 302호 열쇠 구멍에 달을 밀어넣으며, 낡은 나무 침대를 생각한다 내일과 밤이 없고 별과 오늘이 없는 날갯짓을 하다가도

애무 없이도 붉게 타는 노을을 생각하다가도, 계단을 오를 땐 완강기 먼저 찾는다

당신의 날개는 퇴화했으므로

당신이 웃는 날; 雨期

웃음을싫어하는사람도있겠다 어린딸을안고종종걸음치는엄마가싫은사람도있겠다 화촉이채꺼지지않은임산부의부른배가싫은사람도있겠다 깔깔대는치맛단짧은여고생의수다가싫은사람도있겠다 욕탕에나란히앉아등밀어주는풍경이싫은사람도있겠다

오랫동안 비가 오지 않았다 풍경이 말라가는 고요한 식사를 한다 눈을 감은 그의 색깔은 검정일까 파랑일까 100% 온전한 어둠을 좇는 시인이 있다는데 눈을 감으면 온전한 어둠이 올까 대낮에도 토씨 하나 빠뜨리지 않고 찬찬히 어둠을 읽는 사내를 본다 지문이 없는 그의 혀에선 언어도 가뭄이다 쩍쩍 금이 운다 하관 직전인 바람이 플라타너스 잎을 어르고 있다 손가락이 빨갛게 빛으로 타는 중이다 누구도 그의 손가락이 눈썹이 파르르 떨고 있단 걸 읽어내지 못했다

그가 천천히 불을 댕긴다 그가 줄어든다 갓 스물 넘은 손가락 하나가 비명을 지르며 오토바이 뒤로 사라졌다 하늘을 난다 무지개가 뜬다 비가 온다

꽃비 날리는 봄밤

그녀의 몸을 빌려
과거를 쓴다

부채가 조금 남아 있다는 것과
두 번의 이별로 꽤 무뎌진 심장이 있다는 것 외엔 시간이 물어다놓은 이빨 자국만 목선 물결로 가득하다 윤활유가 빠진 어느 새벽, 점화 플러그는 멈춰버렸고 미열로 남아 들썩거리던 호흡은 쉼표도 없이 방전되고 말았다

그녀의 생리는 사춘기를 갓 넘은 열여섯 삼월에 멈췄고, 아무도 읽지 않는 바람의 이력이 한 줄이었고 호적부에서 떨어져나간 피의 이력이 또 한 줄이었다

치우지 못한 아들이 병으로 떠났고 두 번의 지아비도 바람이 된 지 오래 숱한 바람은 그녀의 모든 기력을 빨아들여 결국 子음과 母음 사이 간극만 벌려놓았다 낮에도 눈을 감아야 해가 떴고 눈을 감아야 주님 당신이 보인다고 했다 겨울 새벽예배 지나는 동안 자주 시동이 꺼지더니 결국 빙판길에서 십자가를 짊

어진 것이다 전복 직후 허공에 대고 마지막 외계어를 날렸다고 하는데 (꽃비 날리는 봄밤) 폐차장에선 온갖 염을 하는데

한 번의 큰 수술로 생을 반쯤 써버린 그녀의 죽음을 (꽃비 날리는 봄밤) 확인서라는 종이 한 장으로 잘 갈무리해주었다 오늘 소나무 아래 오체투지 그녀를 내려놓고 오는 길이다

몬드리안의 서(書)

그녀를 펼치자
숨겨놓은 지층 사이, 갇혔던 시간이 한꺼번에 울음을 터트렸다

태양의 흑점에 방치된 검은 신기루는
일곱 번 문질러야 비로소 꽃이 된다는 아득한 말은 있었지만

창살에 덧댄 고양이 발자국과
양장본의 진실은 여전히 평행을 달렸다

등나무집 여인숙에서 그녀를 처음 읽을 때처럼,

수백 년 묵었다는 울음은
조용히 침묵을 지킬 줄 알았다

그녀의 깊고 기-인 눈에 누워 한 글자씩 빼낸, 모음은 다행
히도
먹성 좋은 블랙홀의 시대를 닮아 있었다

결국 가로 세로 교차점에서 분탕질하는
강렬한 색상을 살상으로 오인해
방아쇠는 당겨졌다

침대 위에서
몬드리안, 그녀는
폭죽이었고

하얀 도화지였다

풍년정미소

바람이 한참 만에야 다 익었어 간혹 지나다보면 헬기에서 투하되는 최루탄이라고 생각했어 생뚱맞지만 눈물이 사납게 달려들어도 까끌한 웃음 정도로 대충 버무려 먹었지 먹을 수 있는 건 다 먹어둬야 돼 설익은 눈물은 감잎처럼 떫으니까

바람에도 물렁뼈가 있단 얘길 듣긴 했지만 이렇게 스치기만 해도 살꽃 필 정도로 센 놈이 있을 줄은 몰랐어 머리가 지끈거리고 속이 메스꺼워 느티나무에 매단 할아버지 할아버지 적 방앗간 얘기는 이제 끝난 거야 쌕쌕 울어대는 컨베이어벨트 위로 머리가 딸려 들어갈 것만 같아 벽은 금이 가다 못해 가랑이를 활짝 벌렸어 난 이제 눕기만 하면 돼 넓적다리엔 왕겨의 가는 속살만 잔뜩 쌓여 있어 쌀 찧는 일이 업인 줄 알았는데 방아로 찧고 빻아야 되나봐 칠 타(打) 고운 가루가 되겠지 그런데 쳐서 넘어지면 뭐하게?

구석기시대

결국 막장으로 치닫는 드라마가 대세야 봄부터 가을까지 물론 그전에도 비극의 3막 3장 같은 일은 많아 물빛 자욱한 보안등 밑에서 마지막 밤을 증오하기도 하지 그도 연한 갈매나무 나뭇잎을 먹고 살던 초록빛 시절이 있었지 성충은 아무나 될 수 있다고 생각한 적 있었지 그만하고 속사정이 온통 탄(炭)빛이었던 오래된 얘기를 해줄게 매일 밤 연탄아궁이 위엔 비극이 고봉밥으로 올라가지 푹푹 눈 나리는 탄광촌이야 발파공 아빠를 둔 아이들의 발가락이 얄팍한 솜이불 아래 꼼지락거리고 엄마는 초조하여 양말을 깁고 있지

매일 밤 엄마는 각시멧노랑나비가 되는 거야 더듬이를 세우면 요술처럼 새벽이 오지 양말은 밤새 두툼해지고 빨랫줄에 널린 아빠의 하얀 옷이 점점 푸른 멍으로 익어가지 아무도 봄을 찾는 더듬이를 생각하지 못해 새벽 검은 빛깔 낯선 사내가 아빠였단 걸, 고둥의 살점을 파내 집으로 삼는 고둥게의 가슴이었단 걸 안 건 한참 후의 일이지 아빠 몇 명은 굴속에서 빠져나오지 못해 영영 갇혀 있지 결국 즐겨보던 막장 드라마는 시시하게 끝나버렸어

오래된 수면

기억나지 않는다
실루엣으로 남은 울음만 가득한 방이다
사방으로 분주한 방이다

무논 개구리 소리도 잠잠하기만 한데
오히려 충혈된 눈만 가득한 방이다

딱히 목적도 거처도 없는 듯한데
오래된 눈동자만 그렁그렁하는, 방

짧고 비릿한 호흡이 긴 수면에 들었다
수면을 받아내는 이들의 호흡은 길기만 하다

밤이어서 꿈을 꾸는 건지
밤이어서 말을 잃은 건지

고모가 아부지가 울음을 삼키고야

모든 게
밤인 걸 알았다

할아버지 수면은 참으로
길기만 하다

구럼비*, 당신!

당신 이마에 닿은 눈은 별이 되기도 전에 금세 녹는군요. 전부터 신열이 있고 엉덩이뼈가 바스라지는 통증이 있다고 하더니 이젠 아기집이 허물어지는 중이군요.

이마의 별들은 흩어지고요. 바람은 더 이상 찾아오지 않아요. 바다갈매기 발자국에도 금이 간 거예요. 누구도 낳을 수 없고 누구도 품을 수 없는 이름이 된 거예요.

비명을 들었어요. 수술실에선 날마다 차가운 손이 심장을 도려내는 것 같다고 울었어요. 밤낮으로 거대한 굴착기가 당신의 갈비뼈를 분해하는 중이라며 또 울고 말았죠. 노곤한 잠을 깨우는 삼백예순날 고문의 시간을 겪고 있는

당신! 기억이 몽롱해지고 살갗이 타들어가는 나날이군요. 당신의 아기집은 으르렁거리며 포를 단 배들로 난장이 되겠죠. 바다는 날마다 검은 피의 요일을 지나고, 부화하지 않는 알을 연속으로 낳을 거고요. 쓰고 있던 편지는 마침표 없이 끝날 거고, 한 점 빛도 없는 심해에 갇혀 어둠만 낳을지도 모르겠군요!

연거푸 무기력증을 들이킨 공화국의 발자국들은 당신을 짓밟는 데에 혈안이 될 거구요. 당신의 정부는 눈을 감는 것으로 이별을 통보하겠죠. 더 이상 눈물이 나지 않는군요. 거대한 공화국은 당신의 생살을 발자국들에게 내어주며 입술을 실룩거리며 웃을 테고요.

흉측해진 얼굴과 발을 보며 당신을 기억하는 이들이 등을 돌리지 않을까 눈물로 지새우는 밤이겠군요!

수평선에 핀 집어등 별을 보며
편지 쓰던 일이 이제 까마득해지겠군요!

묵묵히 이별을 준비하는 당신! 힘을 내요! 미안해요!

---

* 제주특별자치도 서귀포시 강정동의 제주해군기지 건설로 파괴되고 있는 바위.

로드와 킬

어떤 이가 그랬다

세월은 나이만큼의 속도로 달린다고

그래서 누군가의 생을 지나간 발자국은 선명한 법이다

바닥과 한몸이 되는 그 평평한 순간까지, 생은 꺼지지 않는 것인데

저녁 무렵, 갑작스런 경적에도 당신은 오랜 습관대로 횡단을 하고야 만다

미처 건너지 못한 눈동자가 마지막까지 길을 끌어안고 있어

24시 편의점 앞 당신의 궤적, 더욱

붉다

제4부

겨울 장례식

당신이 아침부터 와서는 소리 없이 갔다, 첫눈
저녁에 한 번 뜨거웠다 하얗게 갔다, 연탄
고요를 쓸고도 남을, 바람
평행을 달리다가도, 지붕에 닿으면 무너지는 햇살
처녀 때도 못 타본 꽃가마를 이제야 타고, 상여
무너져내리는 허공을 딱 자기 키만큼 떠받치고 있는, 산
낮 동안의 당신을 지우고, 더욱 깊어지는 일몰
그리운 것들이 왕창 몰려와, 모래 무덤이 되는 바다
하도 간절하여 한 번 닿으면 모두 물빛이 되는, 고드름
당신과 내가 아는 그 모든 것들이 되어주는, 눈사람
온전한 허공이 되어야 뭍으로 내려앉는, 연(鳶)

첫눈, 연탄, 바람, 햇살, 상여, 산, 일몰, 바다, 고드름, 눈사람, 연(鳶),

충치가 빠지고 시리고 시린, 별이 내려앉았다

일곱 고양이의 밤

당신, 우는군요. 자궁에서 잠자던 아이가 소릴 질러요 열두 시면 어김없이 혀에 돋아난 촉수로 뒷골목 어둠을 핥고 다니죠 이불을 뒤집어쓰고 레너드 번스타인, 발정 난 소리를 마구 비벼 먹으면 자꾸만 비대해지는 불안이 만들어져요 공중부양을 배운 소리는 하늘을 날고 지붕을 날 수 있어요, 일 년에 다섯 번까지 울 수 있다면 삼백예순날 내내 추억할 수 있는 母음이 둥지를 틀 텐데

오래 기다린 보람으로 연꽃 모양 유두(乳頭)에 울음이 고이면, 그 진동은 대개 새벽닭 숨 넘기며 내는 소리여서 임종에 가까워졌다는 얘기죠 레너드 번스타인, 소리가 곧 터져나오려고 해요 붉은 수건으로 입을 막아줄래요 깨진 소리가 담벼락을 타고 흘러내리잖아요 그만 자궁에서 나와줘야겠어요 당신, 아이는 지붕에서 낳기로 해요 외눈일 테고 입은 뭉개졌을 거예요 귀는 붙었을 테고 손가락은 여섯 개나 될 거예요 울음은 고아원에서 더 잘 자랄 거예요 봄밤 어둠을 푹 고아놓은 슬레이트 지붕 위, 당신

일곱 고양이에게 교향곡 제2번*을 들려주세요!

* 레너드 번스타인(Leonard Bernstein)의 교향곡 제2번, 〈불안의 시대〉(Symphony no. 2, "The Age of Anxiety"). 주치의는 돌팔이였어요, 나의 소리를 대신 먹으려고 했어요, 당신은 영원한 아웃이야!

망부석

1. 망각(忘却), 주소를 잃어버리다

오래도록 서 있었습니다.

당신의 이름이 굳은 벽지처럼 때론 그림자처럼 눅눅하게 번져 있습니다.

오래도록 망설였습니다.

바람에 쌓아둔 기억이 촉촉이 말라가고 있습니다. 봄인가요.

미처 태어나지 못한 이름과 미처 일어나지 못한 바람이 쌓여 갑니다.

벽으로 번진 시간이 사다리를 타고 그림자로 옮겨 붙고 있습니다. 붉은 겨울입니다.

아직은 바람이 불고 아직은, 차가운

2. 망막(網膜), 출입을 금하다

무궁화꽃이 피었습니다.

물보라가 피는 저녁이었습니다. 울상이 된 물이 태어났습니다.

달이 채 기울기도 전의 일이었고 누이가 달거리를 채 하기도 전의 일입니다.

하얀 찔레꽃이 누이의 가슴을 파고들 때였습니다.

심장은 두근거렸고 불안은 몸을 막 풀기 시작할 때의 일입니다.

코스모스와 카오스 원시성이여!

누이의 아기집에서 뱀이 흘러나왔습니다. 아마 그때,

3. 망향(望鄕), 수몰지구가 되다

소의 고삐가 풀렸습니다. 겁에 질린 그녀가 구름 속으로 사라집니다.

물결과 불결과 그 주변의 등장인물들이 함께 사라졌습니다.

수백 년 잘 곰삭은 어둠이 마침내 몸을 풀어 춤을 춥니다.

어떤 이는 왈츠 같다고도 하고 또 어떤 이는 폭풍우 같다고 하였습니다.

씻길 줄 모르는 불안은 달을 먹어치웠고 태양을 먹어치웠습니다.

망나니처럼 그녀가 뛰어다닙니다. 바람이 딸려옵니다.

용궁에서 살았다는 그의 순진무구한 말을 믿어볼 참입니다.

그는 고삐 풀린 어미 소였으니까요. 벌써 저물고 말았습니다.
당신 그만,

4. 몽정(夢精), 낯선 방에서 그녀 엄마를 외치다

망각은 그의 말과 그녀의 말 사이에서 태어났습니다. 바람을 품었다고 하고 물소리를 익혔다 합니다.

달팽이관에 마련된 침실에서 둥근 신경이 속살거립니다. 이마 곁에 머문 단어들은 밤새 사정을 합니다. (자기의 꿈과 바꿀 수 없겠냐고) 정말 울렁거리는 밤입니다.

발기된 말과 빨간 게는 모두 무효입니다. 흥분하지도 않았고 흥분시키지도 않았습니다. 망막은 여전히 금기어입니다. 꼬집거나 생채기 난 부위가 문신처럼 달아오르려고 합니다.

{지금 여기 // 세차장}

당신의 꿈과 나의 꿈을 몽땅 씻겨주는
〈마돈나〉 오려므나, 네 집에서 눈으로 遺傳하던 眞珠는, 다 두고 몸만 오너라*

---

* 1923년 『백조』 9월호에 발표된 이상화의 「나의 침실로」에서 인용.

바람벽에 바람이 머무는 밤 2
— 조장(鳥葬)

온몸으로 밀고 온
말이

새벽, 눈 덮인
고요의 강을 건너

해발 4,400m
흰 광목에 쌓여 있다

노승이 사자(死者)의 서(書)를 허공에 풀면
칼의 눈빛 사나워진다

대퇴골로 빚은 인골 피리와
바람이
며칠째 경(經)을 정독하는,

이제 말은
영원히 가난하지 않고

소멸에 들지 않는,

티베트

피에타, 산부인과에서 태어나다

허공이 흘러내렸다
양수가 터진 하늘은 모든 것을 내려놓았다

냉장고의 냉과
철공소의 철이 골목을 얼리고 녹였다
그날 이후
마리아는 자궁에 뱀을 키우기 시작했다
뱀의 주인이 누군지 묻지 않기로 했다

마리아는 매일 아침
볕 잘 드는 처마에 나가 배를 드러내 보였다
햇살을 타고 뱀이 들었는지도 모를 일이다
너무 많은 아이를 흘려보내
뱀이 들었는지도 모를 일이다

날마다 신성한 기도를 했고
날마다 신성한 물만 마셨다

자궁에서 부화한 알이
난태생이란 건 한참 후에 알았다
마리아는 죽고 없었다
어미가 누웠던 자리 새끼 살모사 한 마리
똬리를 틀었다

사람들은 낙태 불임이라고
손가락질했다

새와 새

1.

온화한 돌 속에
내가 피어나네
간절한 합장으로 물 위에 돋아나네

캄캄한 벽 속에
꽃잎 하나 피어나네
거대한 발자국 하나 돋아나네

아무도 닿을 수 없는 별의
발자국이고 싶네

배롱나무 닮은 발자국이고 싶네

2.

아득한 계절

>

키우던 짐승 한 마리가
숲으로 도망치네

아득히 먼 기억으로
도망치네

일주문에 기대어
기다리네
그렇게 망부석이 되어가네

온통 푸른 그리움이네

올빼미야
올빼미야

(그래도 사랑하자
이끼가 석탑을 사랑하듯이)

4번 염색체*에 대한 연구

겔(Ger)의 집에 들어가기 위해선 반드시 문패에 새겨진 암호를 풀어야 했다

머리 한쪽에 뿔이 난 낙타와 등 한쪽에 말갈기가 달린 생선,에 대해

북극星에서 왔다는,
알코올램프 거인처럼
겔은, 칭기즈칸이라고, 과학실에서 입버릇처럼 말하곤 했다
각종 수식과 기호를 다량으로 섭취한, 주정뱅이처럼, 아이락을 마시며

괄호 안의 부호들은, 괄호 밖 말줄임표와 작은따옴표의 동정심에 놀아나지도 않았다

분할과 덧셈은 과다 세포 증식을 가져왔지만 누구의 파이도 파이만큼 늘어나진 않았다

막 구워낸 전각과 반각 기호들이 수식의 강으로 뛰어들었다

사라진 콩나물 대가리를 수식의 강기슭에서 봤다는 목격담도 있었고

어느 교각에서 봤다는 제보도 잇따랐다
이 와중에도 잠수부들은 다이빙을 멈추지 않았고 그 누구도 불어터진 입술에 대고 인공호흡을 요구하지 않았다

막 태어난 별이 꼬리를 물고 자진했다는 소식이 채 전해지기도 전에, 반쯤 잘린 높은음자리의 마디는 병상에 누워 연방 기침을 해댔다, 덕분에 부호들은 헐값에 전각기호·반각기호·콩나물 대가리·별꼴을 얻을 수 있었다

괄호 밖 주전부리가 된 낱말과 헐값에 잘려나간 생선의 뿔을 찾기 위해
마이크로 현미경을 조절하며 초원을 누빈 시간은 (도서관에서 꾸벅 졸며 무협지를 읽던 시간만큼) 웃자라 있곤 했다 녹슬지 않은 젓가락과 바람은 굽은 평행선을 달리면서도 전력 질주를 하진 않았다 다만

다리 위 난간은 늘 먹성이 좋았고 반찬 투정을 하는 강물은 (사계절 내내) 푸른 이를 번득이며 출렁거렸다 강 밖으로 밀려난

인공호흡과 교각에서 사라진 파이가 피를 흘리며

---

* 46개 염색체 가운데 인간의 운명을 결정하는 유전자.

4번 염색체에 대한 연구 2
—청거북

손가락을 물었어요 청거북은 6번 형성 인을 생성할 때마다 달팽이처럼 자기의 촉수를 잘랐어요 자기 혈족에 대한 숱한 구설수를 견디지 못했다 하고 새끼를 낳지 못하는 자학의 연장선이란 설도 있었어요 난 네 번째 운명선을 지켜보다가 물렸는데 그 이빨 자국이 오래도록 들끓었어요

병원에서 당신을 씻어내리던 일 우물가에서 당신을 길어올리던 일 이젠 잠잠해졌어요

청거북이 봄밤 흐느적흐느적 꽃잎을 밟고 가는데요

감나무 포근한 짚단 위로 하양하양 나오는 속내를 들키고만 것인데요 홧홧한 황혼은 이미 저물고 생식의 반을 써버린 청춘이 감나무 아래 웅크리고 있고 비가 올 것 같은 밤이고 깜깜하다며 아부지가 고래고래 고함칠 것 같은 밤이에요 이런 밤이면 청거북이 아부지를 업고 멀리 가길 바랐어요 이불 아래 옹기종기 모인 발가락들이 꼼지락거리고 (당신) 잃어버린 촉수같이 들뜬 달이어요 이제 가나요

4번 염색체에 대한 연구 3

그(He)의 집에 들어가기 위해선 반드시 문패에 새겨진 암호를 풀어야 한다

각종 기호를 비커에 담아 부글부글 끓게 하는 실험에 대해

출입문 전체를 사라지게 하는 폭발에 대해

용산4구역 남일당 비커에 중크롬산 암모늄을 첨가한다
실험은 마루타여야 한다
눈금을 벗어나지 않아야 한다

◎ 경과보고

화산 분출 모형실험 준비물 : 입술을 굳게 다문 컨테이너, 물불 가리지 않는 물대포, 중크롬산 암모늄, 석유 약간, (주) 전멸 화염방사기, 조작된 정보 큰 술 (주의! 효과 극대화를 위해 국제 규격 무시할 것, 반드시 겨울철에 강행할 것)

준비한 재료를 잘 저으면 약한 연기가 뿜어져나온다 저들이 망루에 올려보낸 연기는 수제다 실험실 내부가 연기로 꽉 차면 식인 상어의 입이 생긴다 저들은 그물에 걸려 피가 흥건한 사냥을 즐긴다

>

◎ 결과치

실험을 시작하고 5년이 흘러야 한다 짓지도 않는 집을 짓기 위해 저들은 모두 불을 뿜는 화염방사기를 구입한 치적이 있다 용감한 형제가 어둠과 사투를 벌이며 재판 중이다 눈금을 벗어나도 폭발하기보단 특별사면으로 수증기가 되는 놀라운 능력도 보유하고 있다

◎ 예상 시나리오

도덕적으로 완전무결한 저들은 죄도 사람도 완전무결하게 잘 지운다 비커에 남은 용액이 모두 증발되면 실험실도 폐쇄된다 그러나, 어쩌면 살아남아

온갖 수식어를 붙여 저들만의 기호를 만들거나

표준 부호를 새로 만들어 뉴(Hi)라이트로 죄와 운명을 기록한다.

(기호의 ·이 사라지거나 !가 찢어지거나 .가 없는 책이 태어난다)

허밍

전화국에 들러 미개봉된 몇 달의 시간을
꾹꾹 종이에 받아 적는다

당월에 끝나지 않은 음성이
석 달째 미납되어 있고, 수신자 부담으로 된 음성도 몇 있다

내가 아는 요금 명세서엔
대문을 나간 아내
마지막 신호음을 실감하지 못한 아이,가 웃으며 누른 재버
튼의
기록들이 빼곡하게 적혀 있다

아이 할머니 음성에 따르면
초저녁부터 진눈깨비가 내렸고
마른 음성은 초인종에 딱 붙어 있었다고 했다
대문을 열자마자
물안개를 피우며 뒷모습이 증발되더라는 것이다

반쯤 젖은 음성은 욕탕에서 나온 후
젖은 음성을 수건으로 탈탈 털어냈다
밤새 창문을 뒤흔드는 바람의 음성도
방음벽이 된 미세한 음역을 뚫진 못했다고

난생 처음 연주한 얇은 멜로디는 이리저리 모서리를 찾아나니다
새벽녘에야 간신히 잠잠해졌다고

술버릇처럼 바탕화면 가득 정적을 깔아놓더니만
배터리 경고음도 없이 제일 먼저 꺼졌다

검은 정적을 입은 아이는
버튼을 꾹꾹 누르며 여전히, 웃고 있

그믐

불안은 달을 먹고 자란다. 처음 생리하던 날, 처음 교복을 입던 날, 처음 자전거 타던 날 다양한 체위가 태어났다. 후배위 달이 당신을 먹는 거다. 막대사탕과 솜사탕의 달콤함은 미적 감각과 형태 감각의 빙의. 당신과 당신 안의 내가 접신이 되는 거다. 당신을 먹는 혀나 달을 삼키는 혀 모두 춤을 추는 일. 어느 쪽도 당신을 녹이기엔 마찬가지. 정상위 달도 당신도 서로의 등은 볼 수 없다. 당신의 먹성은 침엽수림을 닮았다. 인중 아래 파란 입술은 불안의 인공위성. 신호가 잘 잡히는 안테나. 포개어지면 불안과 달의 합궁. 목덜미에 붙은,

불안은 달의 혀로 지우고 달의 혀는 적막으로 지운다 두 개의 무덤을 지나 하나의 문이 되는 스무고개. 당신은 그곳에서 태어났고 불안은 그곳에서 소멸된다 달은 태생이 불온한지라 날마다 배꼽 없는 아이를 흘려보낸다 오늘도 불안이 달 주위에 모여 있고

그녀는 그믐을 낳는 중이다

삼경에 나린 달빛

수화기 너머로 그녀가 마지막이라고 고했다
삼경에 나린 달빛이 길게 골목을 빠져나갔다 비가 오려는지 눅눅한 바람이 입술을 스쳤다 연꽃을 좋아하는 그녀는, 비 오는 날이면 입버릇처럼 죽은 아비가 보고 싶다고 했다

아비 무덤가에 연꽃이 피어났으면 좋겠다고 했다, 몇 해 전 아비를 뒷산에 묻었다고 하면서

어디로 기화해버렸는지 무덤 속에는 옷가지만 넣어뒀다고 했다 가끔 정신이 들고 나더니 어느 날, 감쪽같이 사라졌다 한국전쟁을 거치고도 증발하지 않았는데, 서슬 퍼런 군인들 시대에 영영 돌아오지 않았다.

그녀의 마지막은, 혼례 때문일 것이라고 짐작만 할 뿐이다 누군갈 가슴에 묻고 또 누군갈 품어야 하므로

후두둑 비가 온다
날이 밝으면 백련지를 다녀와야겠다

봄꽃이 피면 나는 망월*로 간다

봄꽃이 피면 나는 망월로 간다 우리는 망망대해를 가로질러 필사적으로 도하하는 용감한 족속, 이웃과 이웃이 밟히고 밟히고 내 가족이 비명조차 내지르지 못하고 길 위에서 안식을 염원하여도, 조상과 조상은 이 길을 무던히도 지났을 것이다 비가 강을 범했어도 바람이 사정없이 풀을 눕혀도, 우리는 가고야 만다

풀잎 사이로 무지개가 뜨고서야 서로의 낮은 등을 두드리며 울음을 터트린다 내 몸은 이 순간마저도, 다시 나서야 하는 저 길 그 어느 때를, 어렴풋이 기억해내고 있는 것이다 거대한 발자국이 생을 위한 우리의 긴 행렬을 장례 행렬로 오인하여도, 우리 족속은 가야만 한다

조상과 조상이 감히 건너온, 그 길 위
거룩한 산란을 꿈꾸며, 우리는 가야 한다

---

* 달을 바라본다는 뜻의 망월(望月)은 대구광역시 수성구 욱수동 소재의 못으로서, 전국 최대 규모의 두꺼비 서식지이다.

해설

붉은, 당신,

김춘식(문학평론가)

정훈교 시인의 첫 시집 『또 하나의 입술』은, 시인의 섬세한 감수성이 겉으로 보면 평이한 듯하지만 내부적으로는 섬세한 결을 만들고 있는 모습을 잘 보여준다. 난해하거나 어려운 단어들을 의식적으로 구사하거나 언어의 실험을 행하지 않으면서도, 그가 이번 시집에서 보여준 시적 언어는 다른 어떤 시인의 그것과 전혀 다른 개성을 드러내고 있다. 일반적으로는 시적 실험과 언어 실험을 동일시하는 경우가 대부분인데, 그 이유는 새로운 시의 형식이 곧 시인의 언어 감각에 직결된 것이기 때문이다. 그래서 새로운 형식을 탐구하는 시인들은 보통 자신의 언어적 자의식에 몰입하거나 새로운 시적 문장의 탐색에 몰두하고는 한다. 정훈교 시인의 시도 이 점에서는 시적 언어의 긴장도가 이미 자신의 고유한 언어 감각을 창조하고 있다고 단언할 수 있는 경지에 있는 듯하다. 다만, 시인의 이러한 언어 감각이 언어에 대한 의식적인 실험이나 뒤틀기를 통한 방법론적 천착을 통해서 얻어진 것이 아니라 시인의 천성적인 자질과 감수성, 그리고 서정적 기질에서 산출된 것이라는 점은 다른 실험적인 작풍의 시인들이 지니지 못한 큰 차이점이라고 할 수 있다.

어쩌면 정훈교 시인의 시적 감수성은 다분히 체험에 기반을 두고 있는 것이 아닐까 추측된다. 가정사라든가, 성장기 체험, 그리고 그가 만난 사람들에 대한 기억이 구체적이고 사실적인 이야기를 통해 나타나고 있지는 않지만 정훈교 시인이 전체적으로 풀어내고 있는 묘사와 서정적 정조는 체험의 깊이를 담지하고 있다고 여겨진다. 사실 체험이란 객관화시킬 수 없다는 점에서 계량적이거나 세월, 연륜 같은 것과 동일시할 수만은 없는 것이다. 오히려 체험이란 인생의 다양한 경험을 가리킨다기보다는 어떤 상황, 기억에 대한 시인의 진정성을 측정하는 한 척도에 가깝다. 상상이든, 실제의 경험이든, 혹은 그 양자의 뒤엉킴과 굴절이든, 시로 표현된 체험의 깊이는 근원적으로는 진정성, 혹은 영혼의 깊이에 깊은 관련을 맺고 있는 것이다.

체험과 정서의 상관성은 이 점에서 객관적 사실이 아니라 시적 사실에 의해서 그 진정성과 깊이, 감동을 산출해낸다. 어떻게 느꼈는가와 어느 정도로 느꼈는가는 사물과 세계에 대한 시인의 존재론적인 관계 맺음을 그대로 드러내는 '현상'이고 그것이 결국 시인의 실존적 자의식을 결정해주는 것이다. 하이데거는 일찍이 시인이 사물 혹은 세계와 맺는 관계를 '대화'에 견주어 말한 적이 있다. 즉, 시인이 시를 쓴다는 것은 시인이 말하는 것이면서 동시에 사물이 시인에게 무엇인가를 들려주는 것이다. 그 양자의 과정 속에서 의미가, 시가 생산된다. 시가 진정 세계와 우주, 인생의 비의를 담고 있다면, 아마 이 대목에서 그 비의의 한 축이 드러나는 것이 아닐까.

정훈교 시인의 감각은 이런 측면에서 보면 '정서'로 환원된다. 시의 언어가 평이한 듯하면서도 그 나름의 고유한 음색을 지닌 것으로 느껴지는 까닭이 이 점에 있다. 예를 들면, 정훈교 시인의 붉음, 붉은색에 대한 정서는 각별한 주의를 요한다. 어쩌면 시인이 구축하고 있는 시적 세계의 첫 번째 관문은 시인의 이 붉음에 대한 감각이 산출하고 있는 정서인지도 모른다. '붉음'은 어떤 구체적 감각이나 의미로 환치되지 않는다면 시각적인 감각임에도 불구하고 추상적인 관념에 불과한 것이 된다. 더구나 그 관념은 모든 사람이 조금씩 다르게 지니고 있는 주관성까지 함축한 감각적 관념이니 더구나 모호하고 추상적일 수밖에 없다. 이 추상성에 구체성과 실재를 부여하는 것이 시의 문맥이고, 그 문맥을 만드는 힘이 바로 정서이다. 정서란 오랜 시간을 두고 축적된 기억의 산물이라는 점에서 감정의 묵은 퇴적층들이 만들어낸 하나의 '지층대'라고 할 수 있을 것이다. 그 지층대 속에는 이미 무수한 시간의 층과 체험이 담겨 있고 그 퇴적층 전체의 아우라는 오직 시인의 실존적 몰입에 의해서만 산출되는데,

아마도 이런 상태를 시적 진정성이라고 부를 수 있을 것이다.

정훈교 시인의 작품은 이 점에서 보면 어떤 한 국면에 서로 다른 이질적 시간대의 기억이 접속을 하고 있는 점이 중요한 특징이다. 그러니까 이 말은 시인이 '붉다'고 말하는 것은 그 붉음을 환기시킬 수 있는 무수한 기억을 단 한 번에 동시적으로 '호명'하는 것이라고 볼 수 있다는 뜻이다. 따라서 시적 정황의 모호함은 오히려 이런 다원적인 시간대의 동시접속이 만들어낸 기억의 흔적을 그의 시가 담아내기 때문에 생기는 효과에 해당한다.

당신은
어느 종족에도 속하지 못한 붉은 나무입니다
바람 불면
몇 잎의 꽃들 아우성입니다

당신은
쓸쓸하기도 하거니와
허공을 지우며
발아래 물 아래 다녀가는 종족이기도 합니다

붉은 음색을
사위에 깔며 더디 가는 당신

우우우

곧잘 바람이 되곤 합니다

무너지는 침묵을

길 위에 펼치는 당신은

봄밤

오래된 나무

당신은

개화에도 자유롭고

낙화에도 자유로운

붉은 나무

—「붉은 나무」 전문

시인이 말하는 "붉은 나무"가 어떤 것인가는 이 시의 문맥만으로는 구체적으로 파악할 수가 없다. 그러나 그 나무가 암시하는 느낌과 분위기만은 독자에게 잘 전달되는데, 이 붉은 나무의 정체는 그래서 특정한 사물이 아니라 시인의 세계에 대한 태도이자 정서의 함축에 해당한다. 시인이 붉은 나무를 '당신'이라고 부르는 이유는 정훈교 시인의 다른 작품에 나오는 당신이 언제나 '그리움', '결핍', '상처' 등의 느낌을 환기시키는 대상이듯이, 실체라기보다는 감정이고 정서이다. '붉은색'과 '당신'은 이 점에서 정훈교 시인의 시적 정서와 세계관의 특정을 구성하는 핵심적인 요소라고 할 수 있다. "개화에도 자유롭고/낙화에도 자유로운" 그런 대상은 사실 실재한다기보다는 시인의 상상과 정신이 만들어낸 '표상'이다. '당신'이라는 존재는 이 점에서 특정한 대상이 되는 경우도 있지만 대부분은 대상 이전의 시인의 심상을 드러내는 '표상'이다. 그것은 장소일 수도 있고 특정한 시간, 특정한 체험, 특정한 국면을 환기시키는 모든 이미지일 수도 있는 것이다.

시적 표상으로서의 '당신'이 붉은 나무로 그려질 때, 그 붉은 나무는 상상의 나무이면서 시인이 그려낸 단 하나의 의미가 된다. 멜랑콜리 혹은 유니크함을 담은 정서에 대해, 말로 표현하거나 그릴 수 없는 어떤 느낌에 대해, 소통과 교감을 만드는 행위, 그것이 이미지를 산출하는 상상력의 기능이라면 지금 시인이 만들어낸 '붉은 나무'는 시인이 잠시 머물렀던 자유와 우울의 세계를 표상하는 눈앞의 이미지이고 바로 그가 이 순간 그리워하는 '당신'이 되는 것이다. 우울과 자유가 뒤섞인 상태에서 이 세계를 스쳐가는 바람 같은 존재, 그런 존재를 '당신'이라고 부른다면, 그 존재의 외피와 표상을 시인은 지금 '붉은 나무'라고 스스로 그려내고 있다. 이건 하나의 알레고리이기도 하다. 당신과 '붉음'의 세계가 만들어내는 하나의 알레고리.

오래 바람에 머물러본 당신, 붉은 꽃잎마다 떨어지지 않는 기록들이군요 5월 흘림체로 바람을 앓는 중이군요 물결에 닿은 당신 이야기가 사방으로 번지는군요 옛 읍성에서 누군가를 품은 뿌리였다가 옛 신화에서 파에온(Paeon) 당신이었다가 플라스틱 화분 속 짝사랑이었다가 오늘 깨뜨리지 못한 속내이기도 한 당신, 봉분 아래 꽃그늘이 더욱 환하군요

투덜투덜 여인숙을 전전하는 빗소리에 우두둑 당신이 떨어십니다 작약의 발목이 하얗게 봉분을 넘고 있군요 뿌리내린 또 한 계절을 유물론으로 채우는 당신, 울음으로 피었다가 망국으로 지는 꽃들의 전설을 지금 기록 중이군요 5월 신부의 부케였다가 생리통의 뿌리였다가 혼돈의 난장이었다가 지는 붉은 꽃들의 저 무수한 잔치 정작 쓰지 못한 문장들이 주저앉는 중이군요 당신이기 전에 당신,이 버린 최후의 불립문자

—「적(赤, 迹, 敵, 吊)—작약」 전문

"5월 흘림체로 바람을 앓는 중"이라는 표현처럼, 성춘교 시인의 수사에는 이미지의 연결성 즉 인접성을 원리로 하는 환유적 국면이 종종 사용된다. 그러나 이런 환유가 의미의 전복이나 일탈을 꾀한다기보다는 의미의 중첩으로 인한 흔적을 절개하고

그 중첩의 실체를 횡단하는 방식으로 보여주는 투시도의 효과를 나타낸다. 즉, 이건 하나의 기록이고 기억이다. 그 기억을 순차적으로 꺼낸다면 하나의 서사가 될 것이고 그 기억을 횡으로 절개하여 동시에 바라본다면 그건 무수한 순간들의 동시적 현현을 의미할 것이다. 흘림체나 붉은 기록은 이 점에서 기억의 동시적 현현, 다시 말하면 순차성을 무시한 돌출의 순간을 기록하는 한 방식이다. 그래서 물결에 닿은 당신 이야기는 하나의 스토리를 가지고 있지는 않다. 그것은 어쩌면 수많은 윤회와 전생의 순간이 동시에 뒤엉켜서 나타나듯이 펼쳐진다. 그 펼침 위에 옛 읍성의 뿌리였다가, 플라스틱 화분 속의 짝사랑이었다가, 신부의 부케였다가, 생리통의 뿌리였다가, 혼돈의 난장이기도 한 존재들이 거처할 수 있는 것이다. 시적 정서 속에서 모든 대상은 하나이기보다는 중첩이고 펼쳐지는 존재이며, 수없는 변신을 거듭하는 것들, 매 순간 다른 의미가 되어 떠도는 당신들이다. "붉은 꽃들의 저 무수한 잔치 정작 쓰지 못한 문장들이 주저앉는 중이군요 당신이기 전에 당신,이 버린 최후의 불립문자"라는 시구처럼, 비유컨대 "당신이기 전에 당신"은 '나'라는 개체가 되기 이전의 중첩의 세계 속에서 존재했던, '브라만' 같은 것일 수도 있을 것이다. 이 세계는 어쩌면 모든 존재의 중첩이 표면적인 대상과 현상을 통해 현현하는 곳이다. 그러니, 기록과 기억을 말하는 시인에게 이 세계의 모든 현상은 최후의 불립문자, 즉 글로 쓰는 것이 불가능한 기록들에 해당한다. 당신 이

전의 당신에 대한 기록이면서 그것을 해독하거나 받아 적을 수 없는 한계, 그 경계선에 지금 시인이 서 있는 것이다.

다시 정리하면 이렇다. '당신'과 '붉음'은 그 경계의 지점에 존재하는 정서이고 대상이다. 당신이라는 호명은 이 세계의 모든 현상 이전의 '현상'을 암시하는 대상이면서 동시에 '붉음'이라는 정서를 통해 구체화된 이미지를 가지고 시 속에 나타난다. 이 호명은 본질과 현상을 가로지르는 기록 혹은 관찰을 시도하는 시인의 정신적 특징을 함축하는 중요한 축이라고 할 수 있다.

나는 나무였을까 바람이었을까

구름과 함께 파도가 동네 어귀를 덮고야 말았다 길 저 안
쪽엔 미처 떠나지 못한 당신이 있었고 길 이쪽엔 당신의 몸
짓을 춤으로 착각한 사내가 있었다

파란 하늘이 옥상까지 내려와 이불을 덮어주는 모텔이었다

나무와 바람이
나와 당신이

새벽녘까지 춤을 추는 동안,

수평선에 뜬 별은
모닥불과 함께 사위어갔고

등대는 고스란히
어둠을 받아 적었다

섬은
밤새 신열을 앓았던 것이다

—「깃—우도」 전문

다분히 감상적으로 느껴지기도 하지만 이 시의 특징을 자세히 살펴보면, 나와 당신의 변신이 그냥 수사에 그치는 것이 아니라 '존재론적인 전환이나 겹침'을 갈망하는 상태에서 이루어지고 있는 것을 알 수 있다. 섬이 신열을 앓듯이, 나무와 바람이 춤을 추는 동안, 당신과 나 사이의 착각과 교감이 오간다. 그리고 그 순간 사물들은 또 다른 사물들의 이야기를 받아 적는다. 등대가 어둠을 받아 적듯이, 시인은 이 세계가 매 순간 의미를 서로 기록해 나가고 있다고 생각한다. 이런 기록과 받아 적기는 이 글의 서두에서 말한 하이데거의 '현존'을 떠올리게 한다. 정훈교 시인은 자신의 몸을 통해 어쩌면 지금 이 순간의 우주적 흐름을 기록하는 방식으로 자신의 시를, 시쓰기를 상상하고 있는 것은 아닐까. 모든 것은 사라질 뿐. 그러나 눈에 보이지 않는 어떤 기록이 이 세계의 흔적을 지금도 남긴다고 믿는 사람이 있을 수도 있을 것이다. 더구나 그가 시인이라면, 그의 시쓰기는 언제나 쓸 수 없는 것에 대한 기록에 치중될 것이다.

> 손가락을 물었어요 청거북은 6번 형성 인을 생성할 때마다 달팽이처럼 자기의 촉수를 잘랐어요 자기 혈족에 대한 숱한 구설수를 견디지 못했다 하고 새끼를 낳지 못하는 자학의 연장선이란 설도 있었어요 난 네 번째 운명선을 지켜보다가 물렸는데 그 이빨 자국이 오래도록 들끓었어요
>
> —「4번 염색체에 대한 연구 2—청거북」 부분

"4번 염색체"는 '운명'이라는 이름이 붙을 만큼 인간의 정신적, 지적 태도에 중요한 영향을 주는 염색체로 알려져 있다. 시인이 이 염색체에 대해 지닌 관심이 이번 시집에 연작시의 형태로 나타났을 것이라고 추측한다. '운명'에 대한 사유와 4번 염색체가 이렇게 연관된다면, 시인의 삶은 어쩌면 염색체의 결과나 작용에 대한 실험과 관찰일 수도 있겠다.

4번 염색체 위의 '울프 호쉬호른(Wolf-Hirschhorn)' 유전자 위에서 CAG 배열이 39회 이상 반복될 경우 75세 이하에서 지매에 걸릴 확률이 90% 이상이고 66세에 첫 증상을 보인다고 한다. 41번이면 54세, 42번이면 37세, 50번이면 27세에 지능을 상실한다고 알려져 있다. 염색체 길이가 정상의 경우보다 조금 짧아

서 나타나는 이상의 경우, 염색체 전체의 길이를 지구 한 바퀴를 도는 정도의 거리로 표현한다면 그 이상 염색체 길이의 차이는 2.5cm밖에 되지 않는다고 한다. 인간의 지적 사유와 운명을 결정한다는 이 중요한 염색체의 차이란 실제로 거의 미미한 것임에도 그 결과는 엄청나다. 어쩌면 시인이 지금 이 시집에서 말하고 있는 것은 시인의 개성과 삶의 다양한 편차들에 대한 궁금증을 '운명'이라는 이름을 지닌 염색체에 대한 연구로 '알레고리화'해서 표현한 것에 불과할 수도 있다.

수면을 등지고 내게로 옵니다 돌의 무게가 파문의 크기로 옮겨 붙는 순간입니다 당신의 고요가 깨어나는, 강가에 서서

아직은 수평인 파문에게 물수제비를 띄웁니다

당신을 펼치자마자 강의 배꼽이 출렁이고 노을이 자지러집니다 파문마저 이내 수평으로 재우는 당신의 수심을 헤아려봅니다 한 획으로 갈음될 수 없는 비릿한 그 무엇이 꾸역꾸역 솟구칩니다

바람이 깨지고 물의 이마가 깨지고 붉은 노을이 깨지고 어둑한 파문이 채 가시지 않는 강가에 나와 당신에게 거룩한 나를 띄웁니다 물결로 채워진 페이지가 쌓이고 나면

당신, 어느 날엔 비스듬히 빗겨간 물결들을 읽을 테지요

—「저문 강가에서 물수제비를 읽다,」 전문

정훈교 시인은 지적 관심과 사유의 열망이 상대적으로 강한 시인으로 보인다. 기록이나 읽는 행위가 단순히 '문자'라는 것과 연관된 것이기 때문만이 아니다. 시인의 작품에 유난히 기록, 읽기의 의미 부여가 많은 것은 그가 여전히 쓰는 것과 알려고 하는 것의 열망을 간직한 시인이라는 것을 잘 보여주는 것들이다. 처음에 말했듯이, 정훈교 시인에게 시란 쓰는 것이면서 동시에 읽는 것이고 또한 말하면서 듣는 것이다. 기록은 그렇게 이루어진다.

역사에 대한 시인의 관심이 시의 밑바닥에 감추어져 있더라도, 이러한 인식의 힘은 그의 시가 진정성의 축을 향해 나아가는 데 큰 힘으로 작용하고 있다. "파문"을 수평으로 재우는 물결의 "수심"은 시인이 발견한 어떤 거부할 수 없는 힘이다. "한 획으로 갈음될 수 없는 비릿한 그 무엇"은 쉽사리 쓸 수도 없고 또 쉽게 읽을 수도 없는 것들이다. 시인이 던진 물수제비의 파문은 이 점에서 갈음되지 않는 기록의 무수한 반복일 것이다. 이 반복되는 작업은 어쩌면 무수한 실패와 시행착오를 이미 예정한 것이리라. 파문을 일으키고 그것이 다시 잠재워지는 순간을 반복해서 지켜보면서 시인이 읽어내려고 하는 것은 무엇인가. "거룩한 나"의 조건은 어쩌면 이렇게 지치지 않고 획을 긋는 행

위, 파문을 일으키는 것인지도 모른다. 결국 물결의 수심에 의해 잠재워질 것이지만, 한 개인의 흔적이란, 강물의 수심 위로 사라질 물결 같은 것일지도 모르지만, 결국 물결로 채워진 페이지를 남김으로써만이 비로소 '당신'에게 전달될 무엇을 남길 수 있다고 시인은 믿고 있는 것이다. 이런 생각은 운명이나 역사에 대한 시인의 생각을 드러내는 한 단초이기도 하다. 정의, 사랑, 믿음 등 어떤 가치라도, 결국 역사라는 수심 위의 물결일 것이고 한 개인의 파문일 것이다. 그러나 기록은 그것을 무수한 물결의 페이지로 만들어 어떤 의미로 구축하는 것이다.

변신 모티프와 읽고 쓰는 행위가 정훈교 시인의 시 속에 자주 나타나는 것은 이 점에서 시인의 중요한 특질로 보인다. 변화는 사물의 다차원을 포섭하고 기억의 중첩을 다루는 중요한 방법일 것이다. 또 읽고 쓴다는 것은 사물과 우주의 의미가 표층적이지 않다는 사실에 대한 시인의 인식이 관찰과 기록으로서의 시세계를 지향하게 만들고 있다는 것을 알려준다. 이런 특징들은 시인의 시적 자질인 서정적 감수성과 만나 독특한 문체와 개성을 만드는 힘이 된다. 역사와 삶, 운명에 대한 호기심, 그리고 개인의 삶이 남긴 궤적이 지닌 진정한 의미가 무엇인지에 대해 시인은 자신의 작품 안에서 직접적인 언술을 하지는 않는다. 그러나 그의 작품이 만들어낸 다차원적인 엉킴과 변신의 수사 등은 이미 사물과 세계의 경계 없는 소통을 지향하고 있다. 그 지향이 지닌 장점은 글로 쓸 수 없는 것들, 말해지기 어려운 것들에 대한 체험과 느낌을, 우리의 공동체 내부로 다시 돌려주고자 하는 작업의 한 방향을 예시하기 때문이다. 시인이란 언제나 우리가 보거나 말할 수 있는 것을 초과해 있는, 잉여이면서도 동시에 결핍을 자각시키는 존재들이다. 모든 것을 다 알고 있다는 듯이 역사의 표면을 부유하는 것들이 일상적 삶의 궤적을 만든다면, 아마도 시는 그 위에 던져진 물수제비, 즉 '파문'에 해당될 것이다. '역사와 우주'의 깊은 수면 위에 불가능한 흔적의 페이지를 반복해서 남김으로써 어느 순간 초월적 의미의 층위에 도달하려고 하는 불가능한 꿈이 '당신'과 '우리'의 소통을 만드는 것이다.

이 도서의 국립중앙도서관 출판시도서목록(CIP)은 서지정보유통지원시스템 홈페이지
(http://seoji.nl.go.kr)와 국가자료공동목록시스템(http://www.nl.go.kr/kolisnet)에서
이용하실 수 있습니다. (CIP제어번호: CIP2014021478)

시인동네 시인선 017

또 하나의 입술

초판 1쇄 발행 2014년 8월 14일
초판 2쇄 발행 2014년 10월 6일
지은이 정훈교
펴낸이 김석봉
책임편집 이현호
디자인 조동욱
펴낸곳 문학의전당
출판등록 제311-2012-000043호
주소 서울시 은평구 연서로11길 7-5 401호
편집실 서울시 마포구 마포대로 127, 413호(공덕동, 풍림VIP빌딩)
전화 02-852-1977
팩스 02-852-1978
블로그 http://blog.naver.com/mhjd2003
전자우편 sbpoem@naver.com

ISBN 978-89-98096-86-1 03810